Ihre neue Ehe

Gebrauchsanweisung für die Modelle

xr3I   Glücklich verheiratet
xr3II   Das hält doch nie
xr3III   Denen geb' ich sechs Monate
xr3IV   Schon der zweite Versuch
xr3V   Schon der dritte Versuch
xr3VI   Manche Leute lernen's nie

von Martin Baxendale

Eichborn.

© Copyright 1995 Martin Baxendale, Silent But Deadly Publications (Stoud, Gloucester)
© für die deutsche Ausgabe: Eichborn GmbH & Co. Verlag KG, Frankfurt am Main, Januar 1997
Übersetzung: Matthias Bischoff und Bettina Maurer
Umschlaggestaltung: Christina Hucke unter Verwendung einer Zeichnung von Martin Baxendale
Gesamtproduktion: Fuldaer Verlagsanstalt, Fulda
ISBN 3-8218-2496-4

Verlagsverzeichnis schickt gern:
Eichborn Verlag, Kaiserstraße 66, 60329 Frankfurt am Main

Inhaltsverzeichnis

Einführung

Bei entsprechender Sorgfalt und steter Beachtung der Pflegehin-
weise sollte Ihre EHE ein Leben lang halten*. Diese leicht verständ-
liche Bedienungsanleitung ist so angelegt, daß sie Ihnen viele viele
Jahre reibungsloses Funktionieren und störungsfreie Ehefreuden
ermöglicht.

Das strikte Einhalten der hier vorgeschlagenen Instandhaltungs-
und Pflegeinstruktionen reduziert die betriebsbedingten Abnutzungserscheinungen auf ein Minimum, verringert das Risiko
schwerwiegender Pannen und Unfälle sowie daraus resultierender
Reparaturen und verlängert die Lebensdauer Ihrer ehelichen Ge-
meinschaft. Insbesondere sind die hier empfohlenen Serviceschrit-
te dazu geeignet, die nervliche Belastung der Hauptkomponenten
der EHE (Ehemann/Ehefrau) in erträglichen Grenzen zu halten und
damit die üblichen Ursachen irreparabler Defekte von vornherein
auszuschließen. Die meisten Instandhaltungs- und Pflegeinstruktionen können mühelos zu Hause oder in einem Hotel durchge-
führt werden, ohne daß es dazu der Anwendung von Spezialwerk-
zeug oder abartigen Zubehörs bedarf.

* Zur Beachtung: Diese lebenslange Ehesegen-Garantie gilt ausschließlich für den
Modelltyp XR3l ›Glücklich verheiratet‹. Und sogar dann ist es Ihr gutes Recht, von Zeit
zu Zeit zu jammern, zu klagen, zu toben, Teller an die Wand zu schmeißen, Ihr
Schicksal zu verfluchen, Mordgedanken zu hegen, immer neue Defekte zu finden,
sich in immer neue Kämpfe zu verwickeln und wenn Ihnen danach zu Mute ist laut zu
brüllen: »O Gott, ich halt's einfach nicht länger aus!!«

Lieferbedingungen

Wir möchten uns für jedwede Lieferverzögerung Ihrer langersehnten Heirat entschuldigen, doch gleichzeitig darauf hinweisen, daß wir leider keinerlei Haftung für von uns nicht zu verantwortende Zustellprobleme übernehmen können, da diese zumeist durch von uns nicht vorhersehbare Umstände verursacht werden; so etwa wiederholte Zurückweisung, Fehlstarts infolge von mangelndem Einverständnis sowie persönliche Problemfaktoren wie Pickel, Schweißfüße, Schuppen, galoppierende Schüchternheit, Verklemmtheit oder weitere näher nicht beschreibbare Defekte im Sozialverhalten.

Herstellerhinweis

Darüber hinaus bedauern wir, darauf hinweisen zu müssen, daß EHEN, anders als landläufig gerne angenommen wird, keineswegs im Himmel gestiftet werden, sondern vielmehr ein Produkt verschiedener Herkunftsländer, sozialer Gegebenheiten, zufälliger Situationen, persönlicher Beziehungen und schließlich auch ein reines Würfelspiel sind.*

Unglücklicherweise sind der Herstellungsstandard und die Produkt-Zuverlässigkeit nicht imstande, sämtliche Ihrer hochgesteckten Ideale und hochromantischen Träume vollkommen zu befriedigen. Zeitraubende und aufwendige Instandhaltungsarbeiten, zahlreiche Bagatellreparaturen und immer neue Generalüberholungen werden daher unumgänglich sein, um Ihre EHE in Schuß zu halten und vorzeitige Trennung schon beim kleinsten Knatsch oder Seitensprung zu vermeiden. Sorry.

*Bitte beachten Sie: Ihre EHE ist außerdem das Produkt von mehr als einer Person. Versuchen Sie, das nie zu vergessen.

Reiseziele, in die Ihre EHE Sie führen kann:

Sofern Sie die grundlegenden Bedienerschritte Ihrer EHE eingeübt haben (siehe dazu die folgende Lerneinheit), können Sie aus dem reichhaltigen und aufregenden Reise-Angebot wählen: Und-wenn-sie-nicht-gestorben-sind-Land, einmal Hölle und zurück, Land der goldenen Hochzeit, Ehen vor Gericht. Wir empfehlen dringend ein umfassendes Kartenstudium *vor* Antritt der Reise.

Grundfunktionen und Steuervorrichtungen

Die zwei unverzichtbaren Komponenten einer neuen EHE (siehe Schaubild) sollten einfach zu erkennen und zu lokalisieren sein (es sei denn einer der beiden ist andauernd »Mit den Jungs einen heben«, »Eben mal noch auf 'n Bierchen«, »Mit den Mädels einen heben«, »Überstunden machen« usw.).

Detaillierte Kenntisse über die Funktionsweise dieser beiden Hauptkomponenten sind die unabdingbare Voraussetzung für die Instandhaltung, Pflege und Notfall-Reparaturen Ihrer neuen EHE und ersparen Ihnen viel Zeit und unnötigen Ärger.

In Ihre neue EHE reinkommen:
Kein Problem. Das Rauskommen kann hingegen weitreichende Schwierigkeiten mit sich bringen (vergleiche dazu den untenstehenden Warnhinweis).

1. Verbinden Sie die Komponente A mit Komponente B
2. Unterbrechen Sie die Verbindung
   zu alten Freunden/Freundinnen
3. Springen Sie in die EHE
4. Schlagen Sie Türen zu

Hauptkomponenten: Ehemann (A), Ehefrau (B)

Warnung: Infolge eines unglückseligen Produktionsfehlers, der die Türen Ihrer neuen EHE blockiert sobald sie zugeschlagen werden, werden Sie unweigerlich Mühe haben, aus- und einzusteigen, wie's Ihnen gerade paßt. (siehe dazu auch »Pannenhilfe« auf Seite 24).

Starten Ihrer EHE: Beachten Sie den Gebrauch des Zünd-schlüssels (Anmerkung des Herausgebers: Wir hätten hier natürlich auch eine schlüpfrigere Variante abbilden können, haben uns aber nicht getraut).

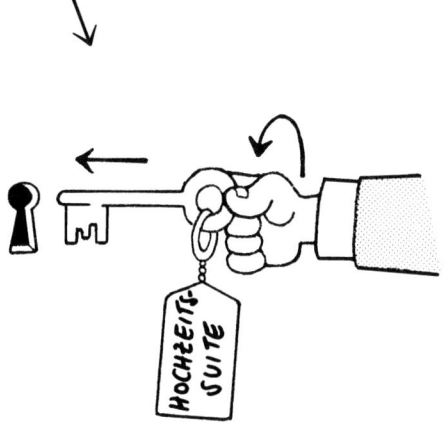

Treibstoff-System:
Ihre neue EHE ist mit einem fortschrittlichen High-Tech-Treibstoff-System ausgestattet – es benötigt regelmäßiges Auffüllen mit Liebe und Kohle um störungsfrei zu funktionieren. Der Treibstoffverbrauch ist je nach Modell höchst unterschiedlich und ist überdies stark abhängig von schlechten Fahrgewohnheiten (siehe dazu »Beschleunigung«) oder gefährlicher Überladung mit nicht-ehelichen Passagieren und nicht DIN-geprüftem optionalen Zubehör (siehe dazu Seite 13).

Steuervorrichtungen

Lassen Sie sich Zeit und machen Sie sich nach und nach mit den Steuervorrichtungen Ihrer neuen EHE vertraut, bevor Sie auf der Lebensautobahn einfach so losrasen. Die strikte Beachtung dieser Steuerungssysteme kann Ihnen so manchen unangenehmen Zusammenstoß sowie gefährliche Schlaglöcher ersparen.

Die grundlegendsten Steuerungsvorrichtungen, die vor allem von EHE-Anfängern beherrscht werden sollten, sind: Ja-Sagen, Nein-Sagen, Sich-Bremsen. Natürlich kann keinerlei Garantie gewährleistet werden, daß diese Systeme im Ernstfall auch wirklich funktionieren, aber üben sollten Sie trotzdem.

Ebenso sollten Sie beachten, daß Ihre neue EHE standardmäßig mit einem dualen Steuerungssystem ausgestattet ist. Um Auseinandersetzungen über die Geschwindigkeit, die Fahrtrichtung, das Abbremsen usw. zu vermeiden, sollten Sie sich einigen, wie schnell und wohin Sie fahren wollen.

Fahrtrichtung: Infolge grundlegender Konstruktionsmängel läßt es sich häufig nicht vermeiden, daß Sie das Gefühl bekommen, Ihre EHE fährt in die ganz falsche Richtung. Als ausgesprochen hilfreich hat es sich erwiesen, wenn zwischen Fahrer und Beifahrer Übereinstimmung über das gemeinsame Fahrtziel besteht (siehe dazu den obigen Hinweis über duale Steuerungssysteme).

Geschwindigkeit: Plötzliche Beschleunigung – um möglichst schnell an ein Wunschziel des Fahrers oder Beifahrers zu gelangen – (z.B. in ein schmuckes Reihenhaus mit drei Kindern) verursacht ein exzessives Ansteigen des Treibstoffverbrauchs (siehe dazu den Hinweis über das Treibstoff-System).

Bremsen:

Wir bedauern außerordentlich, daß Ihre EHE standardmäßig ohne wirksame Bremseinrichtung geliefert wird und es infolgedessen schwierig ist, sie zum Anhalten zu bringen. (siehe dazu auch »Pannenhilfe« auf Seite 24).

Vollgas und Choke-Ziehen:

Warnung! Vermeiden Sie unbedingt den häufigen Gebrauch von Vollgas und Ihres Chokes, egal wie notwendig es Ihnen vor allem in kritischen Situationen auch erscheinen mag. Vor allem im Stadium ernsthafter EHE-Krisen wird dadurch alles nur noch schlimmer.

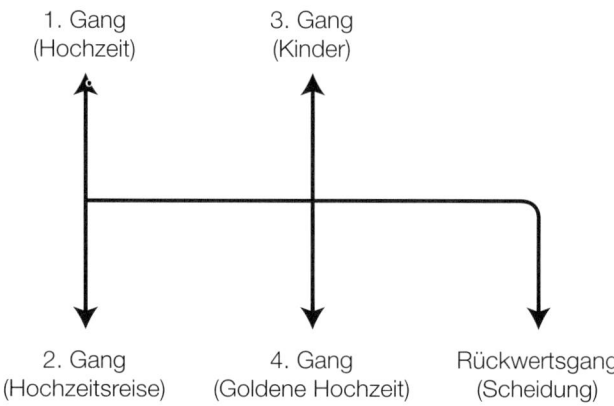

1. Gang
(Hochzeit)

3. Gang
(Kinder)

2. Gang
(Hochzeitsreise)

4. Gang
(Goldene Hochzeit)

Rückwertsgang
(Scheidung)

Gangschaltung:

Vermeiden Sie es unbedingt, versehentlich den Rückwärtsgang statt des 4.Gangs (siehe obige Skizze) einzulegen. Dieses Mißgeschick unterläuft leider recht häufig, besonders nach dem übertriebenen Gebrauch des 3.Gangs.

Komfortausstattung

Umfangreiche Serienausstattungen und luxuriöse Sonderausstattungen wurden speziell für Ihre neue EHE konzipiert und machen das Fahren zu einem komfortablen Vergnügen.

Sex-Drive-System: Ein überaus wertvoller Bestandteil Ihrer neuen EHE, unverzichtbar für ruhige und effektive Laufleistungen Ihres EHE-Motors. Ein bißchen damit zu experimentieren und rumzuspielen läßt bei längeren Fahrten keine Langeweile aufkommen.

Das Sex-Drive-System ist bei den meisten Modellen serienmäßig. Falls Sie bei der Anlieferung Ihrer neuen EHE feststellen sollten, daß es versehentlich nicht eingebaut wurde oder wichtige Teile fehlen (oder sich nicht bewegen bzw. bewegen lassen) ist dies zweifellos ein Umtauschgrund und kann zum Rückruf Ihrer neuen EHE ins Werk führen.

Sex-Over-Drive-System: Was haben Sie für ein Glück gehabt!!!

Warnung! Exzessiver und wahlloser Gebrauch des Sex-Drive-Systems (siehe dazu auch »Optionales Zubehör« auf Seite 14) kann möglicherweise zu schwerwiegenden Störungen der beiden Hauptkomponenten führen und einen totalen System-Kollaps herbeiführen.

Sex-Kur: (siehe dazu auch »Sex-Drive-System«) Das maßgebliche Schwungrad Ihrer EHE. Mit seiner Hilfe gleichen Sie die unvermeidlichen Schlaglöcher und Zusammenstöße wieder aus.

Innenraum: Unter normalen Fahrbedingungen bietet Ihr neues EHE-Modell (je nach Typ und Ausführung) geräumige Fuß- und Kopffreiheit. Dennoch kann es bei längeren Fahrten, besonders beim Transport kleiner Passagiere (siehe dazu Seite 13), mitunter ein bißchen eng werden. In solchen Fällen ist es sicher dienlich, wenn Sie und Ihr Beifahrer einander von Zeit zu Zeit ein wenig Zusatzraum verschaffen. Im Falle einer Panne werden Sie darüber hinaus bemerken, wie gut es ist, eine Weile aus der Mühle rauszukommen und die Beine mal ganz ungehindert auszustrecken.

Belüftung: Wir empfehlen dringend, daß Sie Ihre neue EHE in regelmäßigen Abständen gut durchlüften. Besonders wenn Sie für reine Luft während der Pannenhilfe und dringender Reparaturen sorgen wollen (siehe dazu auch Seite 24) sowie beim Transport plötzlich überriechender kleiner Passagiere.

Sicherheitssysteme

Sicherheitsgurte:
Zur Ihrer eigenen Sicherheit empfehlen wir Ihnen keineswegs, Ihre Mitfahrer sowie eventuell mitfahrende kleinere Passagiere unbedingt in ihrer verbalen Bewegungsfreiheit einzuschränken. Dagegen erscheint es uns ratsam, wenn Sie sich ab und zu (notfalls mit Hilfe der Gurte) zurückhalten und den anderen endlich mal die Chance geben zu sagen, wo's lang gehen soll.

Rücksitzfahrer: Diese sollten sich natürlich immer zurückhalten – außer wenn sie wirklich konstruktive Kritik anzubringen haben, wie etwa: »Paß auf!« oder »Oh Gott, gleich gibt's ein Unglück!«

Kindersicherung:
Der Gebrauch der Kindersicherung ist dringend geboten, wenn Sie es vermeiden wollen, daß allzu viele kleine Passagiere in Ihrer neuen EHE herumtoben und auf den Rücksitzen Unfug treiben. Ihr Arzt oder Pro Familia können Ihnen bei der Auswahl der für Sie passenden Kindersicherung behilflich sein. Beachten Sie bitte, daß Ihre EHE eine Ladefähigkeit von 2 Fahrern und 2,5 kleinen Passagieren hat. Versuchen Sie, eine gefährliche Überladung zu vermeiden, was in der Regeln die guten Fahreigenschaften mindert und den Treibstoffverbrauch erheblich steigert.

Rundumsicht:
Unter normalen Bedingungen sollte die Rundumsicht in Ihrer neuen EHE optimal sein. Doch bei widrigen Straßenverhältnissen werden Sie und Ihr Beifahrer feststellen, daß Sie keinen Schimmer haben, wohin die Reise geht. Unser Rat: Fuß vom Gas und mal ganz abschalten (Siehe dazu auch »Regelmäßige Instandhaltung und Pflege« – »Entfrosten«, Seite 17).

Warnung! Das Bekleben der Windschutz- und Heckscheibe mit »Fahrer träumt von seiner Ehefrau«-, »Wir sind das Paar des Jahres«- oder »Glückliche Familie an Bord« – Aufklebern kann Ihre Sicht auf die reale Welt verstellen und führt zu ernsthaften Verkehrsgefährdungen.

Zuladefähigkeit:
Warnung! Ihre neue EHE wird bei exzessiver und sorgloser Überladung unweigerlich zusammenbrechen.

Parken und Garagen

Wir empfehlen als Dauerstellplatz Ihrer neuen EHE unbedingt einen Doppelparker. Dadurch werden die regelmäßige Instandhaltung sowie auch dringend notwendige Reparaturen und Pannenhilfen leicht gemacht. Einschränkungen infolge der vorübergehenden oder langfristigen Nutzung einer Einplatz-Garage führen zu einer unnötigen Erschwernis dieser Service-Verpflichtungen und zu einer unter Umständen folgenschweren Vernachlässigung der Instandhaltung und der Notfallreparaturen.

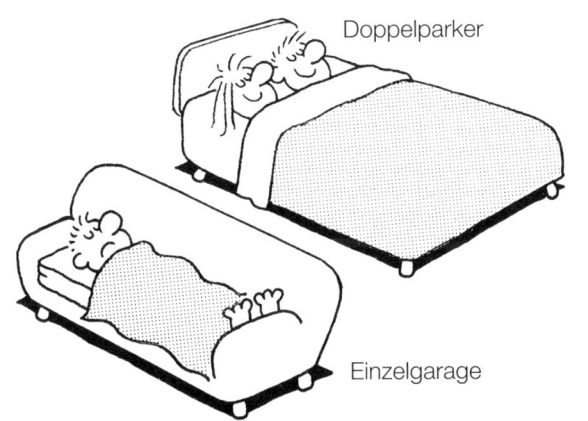

Empfohlene Fahrer-Positionen

Reden   Nicht-Reden   Streiten   Versöhnen

Nutzung des Sex-Drive-Systems   ETC...ETC....

Fahreigenschaften

Erwarten Sie von Ihrer neuen EHE nicht die Fahrleistungen eines Ferrari oder Porsche. In der Regel kommen Sie über einen durchschnittlichen Golf nicht hinaus. Aber bedenken Sie, was für ein unverwüstliches, langstreckentaugliches Fahrzeug das ist, mit dem Sie garantiert überall hinkommen, naja, fast überall.

Interesse an einem neuen Modell

Sollten Sie von Ihrer EHE genug haben, ist es zunächst ein sehr verführerischer Gedanke, sich nach einem moderneren Modell umzusehen. Doch das kann sehr teuer werden (siehe dazu auch, »Pannenhilfe«, »Notfallreparaturen« auf Seite 24) und Sie werden unter Umständen bald feststellen, daß das neue Modell genau dieselben Schwachstellen und Mängel besitzt wie das alte. Da liegt es nahe, sich einmal über die eigenen Fahrfehler Gedanken zu machen.

Optionale Zusatzausstattung und Zubehör

Zahlreiche nicht-serienmäßige Komfortelemente und diverse Accessoires können jederzeit gegen Aufpreis in Ihr Modell integriert werden. Bitte beachten Sie, daß davon zumeist der Treibstoffverbrauch in die Höhe getrieben wird, überlegen Sie also, ob sich die Anschaffung wirklich lohnt.

Passagiere: Die Mitnahme kleiner Passagiere macht die Reise in Ihrer neuen EHE unter Umständen unterhaltsam und überaus reizvoll. Gleichzeitig erhöht sich der Treibstoffverbrauch (Liebe/Kohle), steigt die Lärmbelästigung mitunter ins Unerträgliche und wächst die Gefahr einer raschen Abnutzung und Verschmutzung der ursprünglich so komfortabel ausgestatteten Fahrgastzelle. Wir empfehlen daher dringend, eine eventuelle Überladung mit kleinen Passagieren zu vermeiden.

Bitte beachten Sie: Aufgrund der hohen Nachfrage und Engpässen in der Herstellung haben kleine Passagiere derzeitig eine Lieferfrist von mindestens neun Monaten.

13

Dachgepäckträger:
Diese optionale Sonderausstattung erlaubt es Ihnen, ungeheure Gepäckmengen (Teppiche, Kühlschränke, Drei-Zimmer-Wohnungen usw.) zu transportieren. Beachten Sie bitte, daß die Montagekosten sehr hoch sein können und die spätere Demontage sich als überaus kompliziert erweisen kann, wenn etwa die Immobilienpreise fallen. Die Folgen für den Treibstoffverbrauch sollten Ihnen auch klar sein.

Anhänger und Beiwagen:
Der Gebrauch von Anhängern oder anderen Beiwagen kann zwar äußerst schick aussehen, wird jedoch die Fahrtüchtigkeit Ihrer neuen EHE unweigerlich beeinträchtigen. Tatsächlich wird die Verwendung solcher Zusatzfahrzeuge die Fahrkosten in die Höhe treiben und zu ernsthaften Reibungen zwischen den beiden Komponenten Ihrer EHE führen. Sollten Sie glauben, daß die Anbringungen solcher optionaler Gefährte Ihnen dazu verhilft, tief eingegrabenen Fahrspuren zu entkommen, bedenken Sie bitte stets, daß Sie auch auf höchst unwegsames Gelände geraten könnten.

Die Montage ist allerdings kinderleicht und kann von jedem unbegabten Heimwerker mit simpelstem Werkzeug im Handumdrehen erledigt werden. Die Demontage ist allerdings, sollten sich die hohen Betriebskosten als übergroße Belastung erweisen, ungleich komplizierter. Beachten Sie, daß unsachgemäße Montage irreparable Schäden an Ihrer neuen EHE nach sich ziehen kann. Bei fachmännischer Installation sollte dieses optional erhältliche Accessoire unauffällig und sowohl von innen wie von aussen unsichtbar sein. Wenn Sie's auf dem Dach oder direkt auf der Motorhaube plazieren, bekommen Sie garantiert Ärger.

Regelmäßige Pflege und Wartung

Regelmäßige Pflege und sorgfältige Wartung sind für den reibungslosen Betrieb Ihrer EHE unverzichtbar, und die Vernachlässigung der empfohlenen Service-Arbeiten erhöht unweigerlich
die Pannenanfälligkeit. Hier Zeit zu sparen, heißt am falschen
Ende sparen, denn Nachlässigkeit führt in den meisten Fällen
dazu, daß Sie später noch mehr Zeit für komplizierte Reparaturmaßnahmen benötigen.

Hinweis: Wir empfehlen dringend, mindestens einmal jährlich
oder mindestens nach 10000 km Laufleistung eine bewährte
Service-Station (Hotel) aufzusuchen und einen intensiven Check
(EHE-TÜV) aller EHE-Funktionen durchzuführen. Siehe dazu
auch Jahres-Service-Check auf Seite 20.

Service-Check der Hauptkomponenten
1) Sie sollten in regelmäßigen Abständen überprüfen, ob wirklich
auch beide Komponenten (Mann/Frau) noch vorhanden sind,
und der eine oder andere nicht längst ausgefallen ist.
2) Beugen Sie Abnutzungserscheinungen vor, besonders wenn
Sie kleine Passagiere in Ihrer EHE mitführen. Abgenutzte Teile
sind ein häufig auftretendes Problem und eine der gängigsten
Ursachen für schwerwiegende Pannen.
Ersatzteile: Siehe dazu »Pannenhilfe und Reparaturen« auf Seite
24.

Treibstoffempfehlung:

Ihre neue EHE läuft am besten mit einer hochraffinierten Mischung aus unverdünnter Liebe und reichlich Kohle. Wenn die Zusammensetzung nicht 100-prozentig stimmt kommt es zu Aussetzern und Problemen beim Gasgeben. Achten Sie auf qualitativ hochwertige Treibstoffe und erwarten Sie nicht, daß Ihre EHE mit leerem Tank läuft.

Schmiermittel:

Regelmäßige Verwendung von hochwertigen Schmiermitteln reduziert die Abnutzung tragender Teile und verhindert unnötige Reibung. Schmierstoffe sind besonders wichtig, wenn die EHE-Komponenten außergewöhnlichen Belastungen ausgesetzt sind (Vergleiche dazu »Kleine Passagiere« auf Seite 13). Wir empfehlen folgende Schmierstoffe: Multigrade Sexomatic Leichtlauf-Öl mit 100% Kuschelfaktor sowie ab und an ein lustvolles Besäufnis.

Warnung! Achten Sie beim Besäufnis auf die Dosis; regelmäßige Überdosierung kann einen nachteiligen Effekt auf die Leichtlaufeigenschaften Ihrer EHE nach sich ziehen. Beachten Sie hingegen, daß eine Überdosierung mit Multigrade Sexomatic unmöglich ist.

Luftdruck:

Versuchen Sie, den Druck in Ihrer neuen EHE so gering wie möglich zu halten und vermeiden Sie unbedingt, bei Streitigkeiten, wohin die Reise gehen soll, Druck auf Ihren Beifahrer auszüben (Siehe dazu auch »Regulierung und Feinabstimmung« in diesem Kapitel). Beachten Sie auch, daß der Druck bei Überlastung und Vollgasfahren gefährlich zunimmt (Siehe dazu auch »Kleine Passagiere«, »Dachgepäckträger«, »Anhänger und Beiwagen«, »Beschleunigung«).

Überdruck-Warnung! Versuchen Sie, das unnötige Aufblasen von persönlichen Problemen, Mißstimmungen und Mißverständnissen zu vermeiden. Dies kann ernsthafte Probleme der Langzeit-Fahrtüchtigkeit Ihrer EHE nach sich ziehen.

Motor-Temperatur: Wenn Ihre EHE nicht ruhig läuft oder überladen ist (Siehe dazu »Kleine Passagiere« auf Seite 13), kann dies zu plötzlichem Temperaturanstieg führen (dies kann auch durch Mängel im Drucksystem hervorgerufen werden, siehe oben). Regelmäßige Verwendung von Schmiermitteln reduziert die Reibung und kann so dazu beitragen, plötzliche Temperaturschwankungen zu vermeiden. Beachten Sie, daß sich bei Frost und Eis Multigrade Sexomatic (siehe dazu »Treibstoffe«) als Vielzweckmittel erwiesen hat, Treibstoff und Frostschutz zugleich, und Sie damit die Dinge etwas auftauen. Die regelmäßige Anwendung des Sex-Drive-Systems sollte darüber hinaus für die nötige Wärmezufuhr sorgen und die Betriebstemperatur im optimalen Bereich halten.

Aufladen der Batterie:

Überprüfen Sie regelmäßig die Funktionstüchtigkeit Ihrer Batterie und laden Sie sie gegebenenfalls so oft wie möglich bei den dafür vorgesehenen Service-Stationen/Hotels auf. Beachten Sie, daß die Batterien sich sehr rasch entladen, wenn Ihre EHE einer Dauerbelastung durch kleine Passagiere ausgesetzt ist (Siehe Seite 13). Leere Batterien sind auch die häufige Ursache für unregelmäßige und vollständig aussetzende Zündung (Siehe dazu auch »Sex-Drive-System«.)

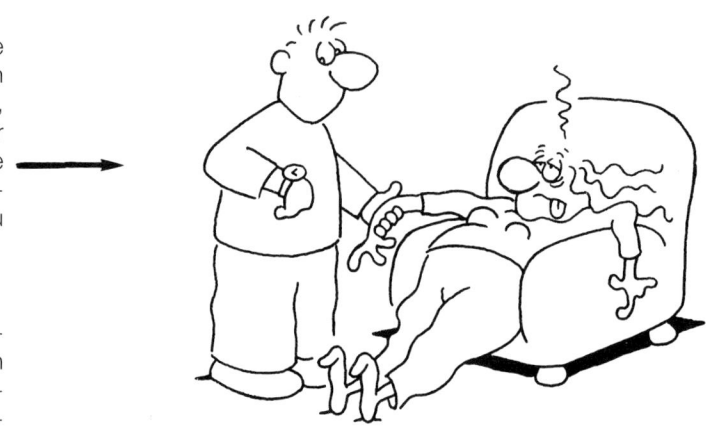

Sex-Drive-System:

Unter Verwendung der serienmäßig in die beiden Hauptkomponenten eingebauten Instrumente (oder zusätzlichen Hilfsmitteln je nach Lust und Bedarf) sollten Sie diese lebenswichtige Einrichtung so oft wie möglich nutzen, wann immer Sie und Ihr Beifahrer sich danach fühlen – manuell, oral oder auf welche Weise immer Sie mögen, solange Sie nicht das ganze Haus aufwecken und Ihre Haustiere in Angst und Schrecken versetzen.

Regulierung und Feinabstimmung:

Bei längerer Betriebszeit werden Sie feststellen, daß Regulierung und Feinabstimmung immerzu notwendig sind, um sicheren Gleichlauf Ihrer neuen EHE zu gewährleisten.

Bitte beachten Sie, daß Sie und Ihr Beifahrer jeweils eigenständig die notwendige Feinabstimmung vornehmen; forcieren Sie nichts, vermeiden Sie unbedingt übertriebenen Kraftaufwand und ziehen Sie die Schrauben nicht zu fest an (Siehe dazu auch »Luftdruck«).

Bruchstellen-Check:

Dieser Test ist regelmäßig notwendig, um sicherzustellen, daß keine gefährlichen Bruchstellen zwischen den beiden Hauptkomponenten (Mann/Frau) entstanden sind, infolge von dauernder Reibung und Überdruck. Versuchen Sie gegebenenfalls, durch Löten und Feinabstimmung die Bruchstellen zu kitten (Siehe dazu »Treibstoffe«, »Sex-Drive-System« und »Feinabstimmung«).

Timing:

Sie werden häufig feststellen, daß Ihr Timing besser sein könnte. Dieser Mangel kann leider nur durch Erfahrung und dauernde Versuch-und-Irrtum-Prozeduren korrigiert werden, versuchen Sie aber, behutsam den richtigen Zeitpunkt zu finden. (Siehe dazu auch »Sex-Drive-System«)

Umweltverträglichkeit:

Ihre neue EHE sollte vergleichsweise schmutzfrei und umweltfreundlich sein. Dennoch ist ab und zu ein bißchen Abgas unvermeidlich, besonders wenn Ihre neue EHE mal nicht ruhig läuft und während Pannen. Regelmäßige Pflege wird diese Abgasemmission auf ein Minimum reduzieren und den Einbau eines Katalysators überflüssig machen. Sehr kleine Passagiere können hingegen ein ernsthaftes Umweltproblem darstellen, dies vor allem in Form von austretenden aggressiv-giftigen Dämpfen, gegen die Sie jedoch ganz und gar nichts tun können (Siehe dazu auch »Ihr neues Baby – Eine Gebrauchsanleitung« in der gleichen Reihe wie dieses Handbuch erschienen).

Beachten Sie bitte auch, daß extrem laute Betriebsgeräusche (unvermeidlich bei Pannen und beim Transport kleiner Passagiere) für Ihre Nachbarn ein hohe Lärmbelästigung bedeuten können.

Lackpflege:

Gönnen Sie Ihrer neuen EHE von Zeit zu Zeit mal eine Reinigung mit einem feuchten Lappen oder Schwamm. Doch ist das äußere Erscheinungsbild nur von zweitrangiger Bedeutung; obsessives Wachsen, Polieren, Neu-Lackieren und Staubsaugen ist nicht zu empfehlen (besonders dann, wenn wegen dieser oberflächlichen Schönheitspflege die weitaus notwendigeren Wartungs- und Pflegearbeiten vernachlässigt werden).

Bequemlichkeit und Instandhaltung:

Nach der Lektüre dieses Kapitels werden Sie möglicherweise das Gefühl haben, daß Wartung und Instandhaltung sowie die Beachtung aller Fahrhinweise zahlreiche Unbequemlichkeiten und Mühen mit sich bringt. Genau so isses! Sie können sich die Arbeit ein bißchen erleichtern, wenn Sie wirklich beide (Mann/Frau) alle Arbeiten übernehmen, besonders beim Transport kleiner Passagiere.

Jahres-Service-Check-Liste:

Die ersten 3 Jahre / 30 000 Kilometer

Service-Periode	Hochzeitsreise	1. Hochzeitstag (10 000 km)	2. Hochzeitstag (20 000 km)	3. Hochzeitstag (30 000 km)
Service-Station (Hotel)				
♡-Level	Normal ☐ Niedrig ☐	Normal ☐ Niedrig ☐	Normal ☐ Niedrig ☐	Normal ☐ Niedrig ☐
DM-Level	Hoch ☐ Niedrig ☐ Ach du Scheiße! ☐	Hoch ☐ Niedrig ☐ Ach du Scheiße! ☐	Hoch ☐ Niedrig ☐ Ach du Scheiße! ☐	Hoch ☐ Niedrig ☐ Ach du Scheiße! ☐
Sex-Drive	Hoch ☐ Niedrig ☐ Wasn das? ☐	Hoch ☐ Niedrig ☐ Wasn das? ☐	Hoch ☐ Niedrig ☐ Wasn das? ☐	Hoch ☐ Niedrig ☐ Wasn das? ☐
Passagiere (Kinder)	1 ☐ 2 ☐	1 ☐ 2 ☐ 3 ☐	1 ☐ 2 ☐ 3 ☐ 4 ☐	1 ☐ 2 ☐ 3 ☐ 4 ☐ 5 ☐
Batteriespannung	Hoch ☐ Niedrig ☐ Leer ☐	Hoch ☐ Niedrig ☐ Leer ☐	Hoch ☐ Niedrig ☐ Leer ☐	Hoch ☐ Niedrig ☐ Leer ☐
Ehe-TÜV	Bestanden ☐ Nicht bestanden ☐	Bestanden ☐ Nicht bestanden ☐	Bestanden ☐ Nicht bestanden ☐	Bestanden ☐ Nicht bestanden ☐

Fehler-Diagnose

Mängel in Ihrer EHE zu finden ist ganz einfach. Die Schwierigkeit ist, etwas dagegen zu tun (Siehe dazu auch »Regelmäßige Instandhaltung und Wartung«, »Pannenhilfe«). Aber Sie können keinen Mangel beseitigen, den Sie gar nicht kennen. Die folgende Mängel-Liste soll Ihnen helfen, häufig auftretende Probleme und kleinere Defekte zu erkennen und gegebenenfalls zu beheben, bevor sie zu ernsthaften Beeinträchtigungen der Fahreigenschaften und Pannen führen.

Betriebsstörungen und Korrekturen

Ehe springt nicht an:
Überprüfen Sie, ob wirklich beide Komponenten (Mann/Frau) vorhanden sind. Überprüfen Sie die Treibstoffversorgung (Herz und DM). Überprüfen Sie das Sex-Drive-System (siehe dazu Seite 9).

Ehe springt an, läuft jedoch nur ruckweise und geht immer wieder aus:
Überprüfen Sie, ob Sie immer noch beide Komponenten haben. Überprüfen Sie den Ölstand (Seite 17). Überprüfen Sie, ob Sie oder Ihr Beifahrer einen Anhänger oder Beiwagen (Seite 14) angebracht haben, der den reibungslosen Normalbetrieb stört.

Ehe fährt in die falsche Richtung:
Fuß vom Gas und unbedingt den Beifahrer konsultieren. Kontrollieren Sie Ihre Straßenkarten. Klären Sie, wer von Ihnen das Steuer führt oder ob Sie womöglich beide gleichzeitig steuern (beachten Sie dabei bitte, daß Ihre neue EHE mit einem dualen Lenksystem ausgestattet ist, siehe dazu Seite 7). Stellen Sie klar, wer von Ihnen die Karten liest und wer lenkt.

Extrem hohe Fahrtgeräusche:

Diese sind vollkommen normal, besonders während des Transports von kleinen Passagieren (Seite 13). Hingegen kann exzessiver Lärm (schreien, kreischen, heulen usw.) hervorgerufen durch die anderen Passagiere auf eine bevorstehende Panne hindeuten und eine rasche Reparatur notwendig machen.

Geräuschlose Fahrt:

Ein Alarmsignal! Überprüfen Sie, ob beide Komponenten (Mann/Frau) vorhanden sind und mit den kleinen Passagieren alles in Ordnung ist. Halten Sie während dieser Überprüfung mal für 'nen Moment Ihre Klappe.

Knack-Geräusche:

Sollte Ihr Beifahrer Sie bei längerer Fahrtdauer beknackt finden, Sie andauernd kritisieren, an Ihrer Fahrweise herumnörgeln und beleidigen, sind dies ebenfalls äußerst bedenkliche Alarmsignale (wenn sonst gar nichts mehr hilft, könnte ein unmißverständlicher Klaps mit einem Schraubenschlüssel die letzte Rettung sein; siehe ansonsten auch »Pannenhilfe« auf Seite 24)

Rumpeln:

Sollten Sie störendes Rumpeln und Grollen innerhalb Ihrer EHE bemerken, ist es am besten, langsam zu fahren und sehr gut zuzuhören.

Hoher Treibstoffverbrauch:

Ihre EHE könnte überladen sein. Überprüfen Sie die Anzahl der kleinen Passagiere (Seite 13, siehe dazu auch Kindersicherung auf Seite 10). Überprüfen Sie den Dachgepäckträger (Seite 14) und die möglichen Beiwagen und Anhänger. Vermeiden Sie hohe Geschwindigkeiten.

Mängel-Liste

Kreuzen Sie die Mängel Ihres Beifahrers (Ehe-Partners) auf der folgenden Liste an und lassen Sie die Liste irgendwo auffällig liegen, wo er/sie mit der Nase drauf stößt. Kennzeichnen Sie die besonders störenden Mängel mit einem »!«

Die herausragendsten und nervtötendsten Fehler meines Partners:

Schnarcht wie ein Walross		Furzt im Bett		Schläft direkt danach sofort ein	
Ißt wie ein Schwein		Drückt beim Frühstück Pickel aus		Schläft schon dabei ein	
Geruchsbelästigung durch Achselnässe/Fußschweiß		Will fünf Kinder		Trinkt maßlos	
		Will auf keinen Fall fünf Kinder		Mault mit mir rum, wenn ich was trinke	
Hat chronische Haarschuppen		Mischt sich in alles ein		Drückt sich vor der Hausarbeit	
Spricht nicht		Interessiert sich nicht für mein Leben		Kümmert sich nicht um die Kinder	
Denkt nie nach		Ist ein Jammerlappen		Meine Güte, wie konnt' ich nur mit so einer Trantüte einlassen?	
Ist ein fauler Sack		Macht dauernd andere Männer/Frauen/Haustiere/unbelebte Gegenstände an			
Ist ein langweiliger Sesselfurzer				Andere nervtötende Eigenschaften, Angewohnheiten und widerliche Unarten (bitte detailliert beschreiben)	
Ist dumm wie Brot		Kümmert sich bloß um sich			
Bohrt in der Nase		Kümmert sich nie um mich			

Verhalten bei Unfällen und Pannenhilfe

Sofern Sie die hier empfohlenen Wartungsarbeiten regelmäßig und sorgfältig durchführen, wird Ihre neue EHE nur selten kostspielige Reparaturen benötigen. Nichtsdestoweniger sollten Sie stets gut vorbereitet und für den Notfall gerüstet sein, wenn es infolge von Materialabnutzung oder wegen der Nichtbeachtung der Alarmsignale zum Zusammenbruch aller Systeme, d.h. zu einer klassischen Panne kommt.

Warnlichter:
Diese sollten sofort aufblinken, wenn eines der folgenden Probleme registriert wird (weitere Einzelheiten weiter unten):

- ♡-Tank leer
- Multigrade Sexomatic ausgetrocknet
- Sex-Drive-System blockiert (oder nur noch funktionstüchtig mit Beiwagen oder Anhänger)
- Zu hohe Temperatur (gefährlich rapider Anstieg)
- Extrem laute Fahrgeräusche (besonders andauernde Schreie: »Stopp! Ich will hier raus!!«)

Was im Notfall zu tun ist:

Sollte Ihre EHE noch nicht vollkommen zum Stillstand gekommen sein, fahren sich ganz langsam zu einer Werkstatt / Hotel und machen Sie dort einen Rundum-Check. Oder melden Sie sich bei einer bewährten EHE-Fahrschule an.

Bleibt Ihre EHE plötzlich nach Zusammenbruch aller Systeme stehen, sollten Sie so schnell und so umsichtig wie möglich die folgenden Schritte unternehmen:

(A) Stellen Sie möglichst sichtbar Warnschilder auf, damit andere EHE-Halter nicht in Sie hineinrasen (besonders dann, wenn sie schon Probleme mit Ihrer eigenen EHE haben und Ihnen eine Massenkarambolage gerade noch zu Ihrem Glück fehlt).

Beim Aufstellen der Warnschilder ist wie folgt vorzugehen: Jammern, stöhnen, klagen, attackieren, schmollen, keifen; kreischen Sie, beschweren Sie sich unaufhörlich bei Freunden, Kollegen und Verwandten über Ihren Partner, geben Sie allen außer sich selbst die Schuld, besaufen Sie sich, gehen Sie zum Angriff über, gehen Sie zu weit, gehen Sie niemals in sich, gehen Sie Ihrem Partner systematisch auf die Nerven, gehen Sie zum Anwalt (Reihenfolge muß nicht unbedingt eingehalten werden).

(B) MACHEN SIE AUF SICH AUFMERKSAM und HOLEN SIE HILFE. Dabei gehen Sie in etwa wie beim Aufstellen der Warnhinweise vor, was leider häufig auch den selben Effekt hat: Also wundern Sie sich nicht, wenn andere EHE-Halter zügig Ihr Wrack umfahren und sich keine Hand zur Hilfe rührt. Rufen Sie lieber einen EHE-Abschleppdienst an.

Hinweis: Ist Ihr EHE-Fahrzeug vollkommen fahruntauglich, möchten Sie wahrscheinlich so schnell wie möglich aussteigen und sich die Beine ein bißchen zu vertreten. In diesem Fall ist es ratsam, sich mit dem Beifahrer für später beim Abschleppdienst zu verabreden, um dort dann in Ruhe über den entstandenen Schaden und die möglichen Reparaturmaßnahmen oder die unumgängliche Verschrottung zu beraten.

Schnell-Reparaturen im Notfall

Warnung! Beim Motorüberhitzung: Wenn die Kühlwasser-Temperatur in Ihrer EHE kurz vor dem kompletten System-Ausfall gefährlich angestiegen war, sollten Sie unbedingt warten, bis die Temperatur etwas gesunken ist, ehe Sie sich an die Reparatur wagen – andernfalls werden Sie sich garantiert die Finger verbrennen!

Notstarten:
In einem Notfall empfiehlt sich die folgende grundsätzliche Verhaltensweise um Ihre EHE erstmal aus der Gefahrenzone (Böschung, Randstreifen usw.) herauszubekommen (vergessen Sie aber die aufwendigeren Reparaturen später nicht!):
1) Reden
2) Zuhören
3) Tun Sie was!

Werkzeuge für den Notfall:
Wir empfehlen dringend die Mitführung der folgenden Werkzeug-Grundausstattung, die Sie stets griffbereit haben sollten und mit deren Gebrauch Sie sich bei den regelmäßigen Wartungsarbeiten vertraut machen sollten:

Toleranz, Geduld, Verständnis, Großherzigkeit, Geradlinigkeit, Humor, verständnisvolle Freunde und Verwandte, Blumen, viel Liebe (siehe dazu auch »Schmierstoffe« auf Seite 17), ein offenes Ohr, eine Schulter zum Ausweinen.

Der **Gebrauch** dieser Notfall-Werkzeuge muß sicher nicht eigens erläutert werden. Sollten Sie hingegen nicht einmal mit dieser Grundausstattung vertraut sein, wenden Sie sich bitte umgehend an einen Experten (siehe dazu EHE-Fahrschule weiter oben in diesem Kapitel). Selbst dann wenn Sie ein enthusiastischer Heimwerker und Do-it-yourself-Freak sind, raten wir dringend, den Rat eines Fachmannes einzuholen und mit ihm eine sorgfältige Fehler-Diagnose durchzuführen. Unsachgemäß ausgeführte Reparaturen können sich bitter rächen.

Hinweis: Sie werden bei der Reparatur Ihrer EHE Ellenbogenfreiheit brauchen. Versuchen Sie, sich gegenseitig genügend Raum zu lassen.

Ersatzteile:
Aufgrund von Produktions- und Vertriebsproblemen können wir dem Wunsch nach brandneuen und reibungslos funktionierenden Ersatzteilen für die alten Komponenten (Mann/Frau) leider nicht zur vollsten Zufriedenheit unserer Kunden nachkommen. Unter Umständen werden Sie sich mit einer Austausch-Komponente zweiter Wahl zufriedengeben müssen, die in zahlreichen Fällen bald dieselbe Fehleranfälligkeit aufweist wie das Originalteil.

Aus diesem Grund empfehlen wir, die Original-Komponenten so lang wie irgend möglich zu verwenden. Beachten Sie, daß regelmäßige Wartung und Instandhaltung Ihrer EHE einen Austausch in aller Regel unnötig macht. Nach einem Unfall mit Totalschaden ist es unter Umständen noch immer denkbar, die alten Originalteile ausgebeult und zusammengelötet noch einmal zu verwenden.

Auswechseln eines EHE-Partners

1) Bett aufbocken
2) Alten Partner entfernen
3) Neuen Partner montieren und Bett absenken

Verschrotten Ihrer EHE

Wir empfehlen, vor dem Verschrotten einen erfahrenen EHE-Mechaniker zu konsultieren und ihn bestätigen zu lassen, daß Ihre EHE ein irreparabler Totalschaden ist, bevor Sie einen Schrott-händler/Anwalt aufsuchen.

Hinweis: Erwarten Sie nicht, daß der Schrott-Händler / Anwalt Ihnen irgendetwas für den Schrottwert Ihrer EHE zahlt. Vielmehr wird die Verschrottung Sie ein Vermögen kosten, besonders dann, wenn Unterhaltsansprüche und Zugewinn strittig sind und Ihre EHE in einem langwierigen Verfahren auseinander geschweißt werden muß.

Technische Daten Ihrer neuen EHE

Treibstoff und durchschnittlicher Verbrauch:
Hochraffiniertes ♡ und Kohle: variabler Verbrauch, abhängig von Fahrstil und Ladung (siehe dazu empfohlene Maximal-Last)

Empfohlene Schmiermittel (mit Mengenangaben):
Multigrade Sexomatic (Füllmenge beliebig hoch)
Lustvolles gemeinsames Besäufnis (hier ist eine behutsame Dosierung ratsam)

Empfohlene Maximal-Last:
Fahrer: 2; Kleine Passagiere: 2,5; Rücksitzfahrer: 0

Pannenanfälligkeit in den ersten zehn Jahren:
Unter normalen Fahrbedingungen: 40% (offiziell)
Bei Mitführung von kleinen Passagieren: 40% – 100% (je nach Anzahl)
Nach Anbringung eines optionalen Beiwagens/Anhängers: 99% – 100%

Normale Lebenserwartung:
Siehe dazu »Pannenanfälligkeit in den ersten zehn Jahren«

Schadstoff-Kontrolle:
Serienmäßig nicht vorhanden. Etwas Abgas und Krach sind normal und unumgänglich (besonders bei Mitführung kleiner Passagiere).

Hinweis: Ihre neue EHE sollte auf keinen Fall die Luft mit Blei verschmutzen (es sei denn einer der beiden Fahrer hat unglücklicherweise während einer Notfall-Situation ein Gewehr zur Hand).

Ebenfalls erhältlich in dieser Reihe:

Ihr neues BABY – Gebrauchsanleitung
Ein überaus populärer Ratgeber über die Instandhaltung und den Umgang mit Ihrem neuen BABY, von unschätzbarem Wert besonders für Anfänger. Darin erhalten Sie eine umfassende Einführung in die zahllosen Möglichkeiten nützlicher und unterhaltsamer Eigenschaften und Funktionen, wie geschaffen für die unerfahrensten unter den BABY-Eignern und -Betreibern. Wir garantieren Ihnen viele Jahre problemlose Laufzeit.

»Ich weiß nicht, was ich ohne Ihr wundervolles BABY-Handbuch getan hätte. Ich hatte ja keine Ahnung, was ich mit meinem BABY anfangen soll. Zuerst dachte ich, es handele sich dabei um eine neuartige Küchenmaschine. Doch dann las ich Ihr Handbuch.« (Unerbetene Leserzuschrift von Herrn S.Tiesel aus Gau-Bickelheim)

Tag für Tag Lebensfreude mit Ihrem neuen Baby –
aufzeichnen und wohlfühlen.

Ein nützlicher Ratgeber,
der Ihr Leben bereichern wird.